Matangi

Kiran Atma

Published by Ponapan Publications, 2024.

While every precaution has been taken in the preparation of this book, the publisher assumes no responsibility for errors or omissions, or for damages resulting from the use of the information contained herein.

MATANGI

First edition. April 28, 2024.

ISBN: 979-8224256235

Written by Kiran Atma.

About the Author

Julianne Davidow is the author *of Outer Beauty, Inner Joy: Contemplating the Soul of the Renaissance* (foreword by Thomas Moore, author of *Care of the Soul* and many other books). For Renaissance thinkers, the role of the artist and the making of art held an essential place in society, and the book reveals an ecumenical wisdom that reaches across the boundaries of different belief systems. Julianne's essays have been published in literary journals and online publications. She teaches writing at the City University of New York and is a Professional Certified Coach with the International Coaching Federation.

Indhold

Matangi - Gudinde for lærdom og okkult visdom

KIRAN ATMA

DEDIKATION

———————

Denne bog er dedikeret til religionsfrihed og trosfrihed, et begreb, der beskytter en persons eller et samfunds ret til at demonstrere religion eller tro gennem undervisning, praksis, tilbedelse og overholdelse, hvad enten det er offentligt eller privat.

———————

Matangi, du er elskværdig og gavmild!

Den treøjede bærer af halvmånen!

Det er svært at kende dig, vise gudinde!

Forsyner og skænker med medfølelse.

Vi bøjer os for dig, som legemliggør den hemmelige sandhed, hvorfra alle velsignelser udgår!

Må den almægtige Gudinde oplyse vores sind. Må vi lære dig bedre at kende, kære urjomfru,

Åh ... Den evige og oprindelige!

INTRODUKTION

Til at begynde med er her en beskrivelse af Matangi, ofte kendt som "den udstødte gudinde":

Hun sidder på en krop. Hendes klædedragt er karmoisinrød, og det samme er alt hendes tilbehør. Hun er udsmykket med en krans lavet af gunja-frø, et lille skovfrø. Hun har store bryster og er 16 år gammel.

Hun har et sværd og et kranium i hver af sine to hænder. Hun burde få alle rester.

Hun har en måneskive i panden og er blå i farven. Hun har tre øjne, sidder på en trone lavet af juveler og bærer juveler som udsmykning.

Hendes bryster er fyldige og faste, og hun har en meget slank talje. Hun har et muntert udtryk og har fire våben til rådighed: en kølle, en stav, et sværd og en løkke.

Hun har et behageligt ansigt og en grønlig hudfarve, og hun sidder på et alter.

Både guder og djævle ærer hende. En kadamba-blomsterkrans hænger om hendes hals. Måneskiven pryder hendes pande, og hun har langt hår.

Hun sveder forsigtigt omkring ansigtet, hvilket forstærker hendes skønhed og lysstyrke. Tre vandrette linjer fra hudens folder og en lille lodret linje af fint hår kan ses under hendes navle.

Hun er udsmykket med armbånd, armlænker og øresmykker foruden et bælte med glitrende dekorationer. Hendes øjne har et beruset udtryk.

Hun er omgivet af to papegøjer og står for de fireogtres kunstarter.

En historie om en jægerkonge ved navn Matariga og hans datter kan findes i den buddhistiske samling af fortællinger kaldet Divydvadana, som sandsynligvis blev skrevet mellem 250 og 300 e.Kr.

Historierne beskriver tidligere inkarnationer af Buddha. Det er relevant at betragte fortællingen som en sandsynlig antydning eller en meget tidlig version af Mahavidya-gudinden, da flere dele har så bemærkelsesværdige ligheder med senere træk i gudinden Matangis natur og mytologi.

Ananda, en af Buddhas elever, gik engang ud for at tigge om mad. Han fik noget og var tørstig. Da han så en pige samle vand fra en brønd, gik han hen til hende og bad om at få noget.

"Mit navn er Prakruti eller naturen, og jeg er en Candala eller et medlem af en meget lav kaste, datter af Matariga. Vil du have noget vand?" spørger pigen.

"Jeg beder bare om vand," sagde Ananda, "jeg spørger ikke, hvad din kaste er."

Mens han drak af sit vand, beundrede Prakruti hans unge udseende og blev tiltrukket af ham. Hun følte sig mere og mere tiltrukket af ham og ønskede, at han skulle være hendes ægtefælle.

Prakruti spurgte sin mor Mahavidyadhari eller hende, der er kyndig i de store mantraer, efter at Ananda havde forladt klosteret, om hun kunne trække Ananda til sig ved hjælp af de rette ritualer og mantraer.

Hendes mor tøvede, fordi hun var bekymret for problemer med den lokale monark, som var tilhænger af Buddha, og fordi hun tvivlede på, om hendes magi kunne besejre Buddhas evne til at beskytte sine elever.

Da Prakruti lovede at begå selvmord, hvis hun ikke kunne få Ananda, ændrede hendes mor mening og gik med til at forsøge at fange ham ved hjælp af magi.

I et forsøg på at lokke Ananda til sin datter ryddede moren en plads tæt på sit hjem, rejste et alter der, tændte et bål med blomster og begyndte at recitere mantraer. Hun var i stand til at bruge regnen og lynene til sin fordel, fordi hun var så dygtig, og fordi de mantraer, hun brugte, var så kraftfulde.

Ananda blev forstyrret af hendes trolddom, da han tænkte på Prakrutis tiltrækningskraft, og han forlod klosteret for at finde hende. Da hendes mor så ham gå mod Prakrutis hus, gav hun ordre til, at Prakruti skulle gøre sig i stand og rede en seng til romantikken, hvilket hun pligtskyldigt gjorde.

Da Ananda ankom, begyndte hun at græde og stillede sig ved siden af moderens skrin. Han bad Buddha om hjælp, og da Buddha hørte om hans situation, blev Candala-damens mantraer gjort virkningsløse. Ananda genvandt fatningen og gik tilbage til klosteret.

Prakruti gik selv til Buddha efter at have hørt, at han havde besejret hendes mors trolddom, og han spurgte ind til hendes behov. Hun var ærlig, da hun udtrykte sit ønske om, at Ananda skulle være hendes ægtefælle.

Buddha rådede hende til at blive nonne for at kunne tilbringe tid sammen med Ananda. Prakruti accepterede at blive indviet som nonne efter at have set, hvor blindt hendes ønske om Ananda var, og efter at være blevet rørt af Buddhas lære.

Hun fik sit hår klippet af og blev klædt i en buddhistisk nonnes beskedne klæder. Efter at Prakruti havde sluttet sig til den buddhistiske orden, fortalte Buddha hende en historie, som hjalp hende til at forstå betydningen af hendes kærlighed til Ananda.

Trisariku regerede tidligere som Matariga-raja eller elefantjægernes konge. Sardulakarna, en af hans sønner, var modtageren af hans søgen efter en passende ægtefælle.

Trisariku tog ud for at organisere et bryllup efter at have hørt om en brahmans datter ved navn Prakruti, som han mente ville være perfekt til hans søn. Han tog af sted med en gruppe af sine ministre og et stort antal hunde.

Trisarikus frieri blev afvist af brahmanen, da han fandt ud af, at han var en elefantjæger fra en lav kaste.

Men ved et senere møde forbløffede Trisariku ham med sin dybe forståelse af spirituelle emner såvel som kunst og videnskab. Brahmanen gav til sidst efter og godkendte ægteskabet.

Buddha sagde, at den Prakruti, som ønskede Ananda i denne inkarnation, var datter af den Brahman. Og Sardulakarna, Trisarikus søn, var Ananda i den eksistens. Dette afklarede de to menneskers tiltrækning til hinanden i denne inkarnation. Og Buddha sagde, at han var den elefantjagende monark.

Rabindranath Tagores novelle Candalika er blevet populær, og denne fortælling indeholder et par unikke aspekter, som er relevante for vores diskussion af Mahavidya-gudinden Matangi.

For det første hedder heltindens far Matariga, og ifølge legenden om hendes første fødsel var hendes svigerfar kongen af elefantjægerne eller Matariga-raja.

Som vi vil se, bliver Matangi ofte beskrevet som datter af Matariga, som enten er en vismand eller en jæger, i forbindelse med Mahavidyas.

Heltinden er en Candala, et medlem af en lav kaste. Dette er et vigtigt - hvis ikke gudinden Matangis - kendetegn. For det tredje forbinder ordet

Prakruti, som kan tolkes som "natur", heltinden med junglen, skoven og jagtkulturen - igen et afgørende element hos den senere gudinde.

For det fjerde spiller ceremonier, der udføres for at tiltrække nogen og få dem til at gøre, som man vil, en vigtig rolle i fortællingen og tjener som en påmindelse om Matangis evne til at tiltrække og manipulere andre.

For det femte er fortællingen forbundet med Mahavidyas via Matangis mors navn, Mahavidyadhari eller hende, der er kyndig i de store mantraer, og hendes brug af magi til at forføre Ananda.

I denne tidlige buddhistiske historie er gudinden Matangi fraværende. Det, vi sandsynligvis har, er en kilde, som hjalp gudinden med at tage form. Der hentydes til den tidligere guddom i hele fortællingen.

MYTOLOGIEN OM MATANGIS OPRINDELSE

Der er flere fortællinger om Matangis begyndelse eller udseende, og når de kombineres, afslører de meget om, hvilken slags gudinde hun er.

Disse fortællinger indeholder nogle af de samme temaer og træk som den buddhistiske historie om Prakruti, Matarigas datter.

Saktisamgama-tantraen har den tidligste tilblivelseshistorie for Matangi, som er relateret til fremkomsten af Uccista-Matangini, en af Matangis mest udbredte former.

Vishnu og Lakshmi rejste engang for at besøge Siva og Parvati. Vishnu og Lakshmi serverede fine måltider for Siva og Parvati, og en del af maden faldt til jorden. En pige med smukke træk sprang ud af disse rester. Hun bad om mere mad eller uccista. De fire guder gav hende deres rester som prasada, eller mad, der er blevet hellig ved at være blevet spist af guder.

"De, der gentager dit mantra og tilbeder dig, deres aktiviteter vil være frugtbare," sagde Siva derefter til den smukke kvinde.

De vil være i stand til at overmande deres modstandere og få, hvad de vil have. Fra da af blev denne unge kvinde kendt som Uccista-Matangini. Hun er den, der skænker alle velsignelser.

Pranatoshini tantraen indeholder den anden beretning om Matangis tilblivelse. Parvati plejede at sidde på Sivas skød. Hun fortalte ham, at han altid gav hende alt, hvad hun bad om, og at hun nu havde lyst til at møde sin far igen.

Hun spurgte, om han ville give hende lov til at besøge sin far, Himalaya. Selv om Siva tøvede med at opfylde hendes ønske, gjorde han det til sidst efter at have lovet at rejse dertil personligt, hvis hun ikke vendte tilbage efter et par dage.

For at Parvati kunne vende tilbage til sit hjem med sin familie, sendte hendes mor en trane. Siva tog til Himalayas hjem klædt ud som ornamentmager, efter at hun ikke var vendt tilbage i et par dage.

Han solgte skalsmykker til Parvati, men for at bevise sin loyalitet krævede han, at hun havde sex med ham som betaling.

Da købmanden bad om smykkerne, blev Parvati rasende og parat til at forbande ham, da det gik op for hende, at det i virkeligheden var hendes mand, Siva, der bad om dem.

Hun sagde: "Ja, fint, jeg er enig", mens hun holdt sin viden om hans faktiske identitet hemmelig. Parvati tog senere hen til Sivas hus forklædt som jægerinde, mens han gjorde sig klar til aftenbønnen.

Der, tæt på Manas-søen, dansede hun. Hun havde store øjne, en slank figur og store bryster. Hun var iført rødt tøj.

Siva beundrede hende og sagde: "Hvem er du?" Jeg er datter af en Candala, svarede hun. Jeg kom her for at gøre det godt igen.

Så sagde Siva: "Jeg er den, der giver frugt til dem, der gør bod." Efter at have sagt dette kyssede han hende, tog hendes hånd og begyndte at elske med hende.

Siva forvandlede sig til en Candala, mens de havde et seksuelt møde. Så indså han, at Candala-damen var hans kone, Parvati. Siva imødekom Parvatis anmodning om en velsignelse, efter at de havde delt et kys.

"Da du [Siva] elskede med mig i form af en Candalini eller en Candala-kvinde, vil denne form vare evigt og være kendt som Uccista-candalini", bad hun.

Du [Siva] vil kun blive tilbedt, og din tilbedelse vil kun bære frugt, når du har udvist passende hengivenhed over for denne form.

Swatantra-tantraen er kilden til den tredje skabelsesberetning for Matangi.

Matariga praktiserede engang bodsøvelser for at opnå evnen til at kontrollere alle levende ting. Han fortsatte med sin strenge praksis i mange år, indtil gudinden Tripura-sundari endelig kom til ham i et glimt af strålende lys.

Gudinden Kali dukkede op som følge af hendes øjnes blændende stråler. Så fik Kali en grønlig nuance og antog Raja-Matanginis udseende. Matariga var i stand til at opfylde sin drøm om at herske over alle dyr takket være denne guddoms hjælp.

En fjerde legende om Matangis oprindelse blev fortalt mig af en kilde i Varanasi og involverer et lillebitte tempel, der er viet til Kauri-bai, en slags Matangi, og som ligger i et lavkastekvarter i Varanasi.

Denne historie fortæller, at Kauri-bai, hvis navn forbinder hende med kauriskallen, var Sivas søskende. Hun var meget omhyggelig og bekymrede sig om renlighed og forurening på en højkaste brahmansk måde.

Hun var irriteret på Siva, fordi han havde en masse dårlige vaner, bl.a. at hænge ud på kirkegården, drikke alkohol og hænge ud med spøgelser og nisser.

Han sporede ofte aske fra kremeringsstedet ind i deres nyligt rengjorte hjem og ignorerede fuldstændigt hendes bestræbelser på at holde deres hjem rent.

Kauri-bai blev kurtiseret af Parvati, efter at Siva havde giftet sig med hende, og Parvati inviterede hende til at komme og besøge dem. Men Kauri-bai afviste alle disse venlige tilbud og skældte Parvati ud over Sivas frastødende skikke.

Som en kærlig hustru blev Parvati til sidst fornærmet over fornærmelserne mod sin mand og forbandede Sivas søster, så hendes næste fødsel og hele hendes liv skulle tilbringes i et samfund af urørlige.

Hun havde derfor en meget trist genfødsel i den urørlige region Varanasi på grund af de ugunstige miljøforhold.

Hun gik til Siva, byens skytsgud (Kasi Visvanatha), som gav hende den velsignelse, at alle, der rejste til Varanasi på pilgrimsrejse, skulle besøge hendes helligdom, for at deres rejse kunne anses for at være fuldendt.

GUDINDE, DER OMFAVNER DET FORBUDTE

Flere vigtige karakteristika, som er afgørende for Matangis karakter, understreges i disse ellers forskellige fortællinger.

Den første urbane legende understreger Matangis forbindelse til madrester, som ofte ses som særligt forurenende. Hun opstår eller manifesterer sig bogstaveligt talt fra Siva og Parvatis bordrester. Hun beder også om måltidsrester som sit første behov for næring (uccista).

Ikke alene beder Matangi om uccista i denne fortælling, men litteratur, der beskriver hendes hengivenhed, hævder også, at tilbedere skal være forurenede, have spist uden at vaske sig, og skal præsentere uccista for Matangi med deres hænder og læber dækket af uccista.

Dette er en slående omvending af, hvordan hinduistiske guder typisk tilbedes. Tilbedere sørger ofte for at præsentere guden for usædvanlig ren mad eller mad, som de ved, at guden vil kunne lide. Maden gives tilbage til den tilbedende, efter at guden har spist den (indtaget dens åndelige essens). Selv om det ikke kaldes sådan, kaldes denne rest af maden for prasada (nåde).

Når den hengivne tjener guden og tager guddommens madrester som noget, der skal værdsættes, understreger det rituelle giv-og-tag i dette tilfælde den hengivnes underordnede status.

I Matangis tilfælde forsyner tilbedere hende med deres egne meget beskidte madrester, samtidig med at de selv er forurenede.

I et tilfælde giver en tilhænger Uccista-Matangini en beklædningsgenstand dækket af menstruationsblod til gengæld for velsignelsen om at kunne tiltrække en partner.

Menstruerende kvinder må ikke besøge templer eller udføre andre former for tilbedelse, da menstruationsblod anses for at være yderst forurenende i stort set alle hinduistiske skrifter og situationer.

Disse strenge tabuer bliver ignoreret og endda udstillet i Matangis tilfælde.

Tilbedelsesmanualer siger også, at det ikke er nødvendigt med nogen form for løfter for at opnå Matangis velsignelse (tilbedere accepterer typisk at udføre en from handling, såsom at faste eller tage på pilgrimsrejse, til gengæld for en guds gunst), og at tilbedere ikke er forpligtet til at udføre nogen renselsesritualer før hendes tilbedelse, selvom det ofte er ønskeligt i tilfælde af andre guddomme.

På samme måde kan alle synge hendes mantra, selv dem, der ikke er blevet indviet, eller som ikke anses for at være egnede til at tilbede nogen anden guddom.

Fixeringen på renlighed og forurening gennemsyrer næsten alle aspekter af hverdagslivet i en hinduistisk højkastekultur, hvilket sandsynligvis er kilden til størstedelen af værkerne om Matangi.

Det kan til tider være besværligt at holde styr på, hvad der er rent og hvad der ikke er, hvem der er rent og hvem der ikke er, og under hvilke forhold, samt hvor ren du er på et bestemt tidspunkt og under hvilke forhold.

Desuden kan sådanne renhedssindede mennesker se beskidte mennesker og ting med ærefrygtindgydende rædsel, som har kapacitet til at ødelægge dem fuldstændigt og gøre dem uegnede til almindelig social interaktion.

For nogle hinduer er det spændende, for ikke at sige åndeligt befriende, helt at omfavne det forbudte, få styr på det en gang for alle og gøre det for at fjerne dets greb om dem.

Den gudinde, som man kan konfrontere forureningen direkte med, er Uccista Matangini, som repræsenterer det forurenede. Hun er derfor stærk og bemyndigende.

JAGTENS, VILDMARKENS OG DE UDSTØDTES GUDINDE

Ved at forbinde gudinden med kandalaer og jagtkultur, ligesom i den buddhistiske historie om Prakruti, berører den anden myte om Matangis oprindelse også begrebet om det forurenede eller forbudte.

Parvati påtager sig identiteten af en person fra en meget lav kaste ved at forklæde sig som en Candalini, og ved at blive tiltrukket af hende lader Siva sig grundigt besudle. Begge guder identificerer sig aktivt og frivilligt med udkanten af det hinduistiske samfund og den hinduistiske kultur.

Med skabelsen af gudinden Uccista-candalini bliver Candala-identiteten på en måde sakraliseret.

Denne gudinde, en variant af Matangi, indkapsler det forurenede og det forbudte i sine navne: uccista og Candala, forurenet, farlig mad og forurenede, farlige personer.

Matangi fødes i denne fortælling som et resultat af, at Parvati påtager sig en Candala-persona.

Fortællingen viser, at Parvati har en side af sig selv, som ikke er typisk for hendes kaste og sociale klasse; dette aspekt af hendes person går imod de sociale normer.

Denne erklæring om Parvaris "skov"- eller "jæger"- eller "Candalini"-identitet kan i virkeligheden spores tilbage til Mahabharata (3.40.1-5), hvor Arjuna ser Siva og Parvati i Himalaya forklædt som jægere.

Det er ikke overraskende, når man tænker på, hvor stærkt Siva identificerer sig som en outsider i mange skrifter.

I overensstemmelse med traditionen lever Siva og Parvati et sted uden for det civiliserede samfund eller selve civilisationen, f.eks. i bjergene, junglen eller blandt lavkastefolk eller udstødte stammer. Dette element i deres ægteskabshistorie bekræftes af denne fortælling.

Matangis forbindelse til forurening og lave kaster understreges yderligere i den fjerde og sidste version af hendes oprindelseshistorie, hvor hun siges at have været Sivas renhedssindede søster, som blev forbandet af Parvati til at blive reinkarneret i et urørligt samfund.

Mytens vigtigste lærdom er, at en overdreven optagethed af renhed kan være skadelig og ødelæggende.

Fortællingen understreger også, hvordan tilbedelse af en gud, der er stærkt forbundet med personer af lav rang eller med personer, der er beskidte, kan være transformerende, hvis ikke ligefrem livsvigtig. Det betyder, at Siva og Parvati er mindre bekymrede for forurening end Kauri-bai; Siva hævdes endda med vilje at komme i kontakt med forurenende genstande og mennesker.

Matangis identitet som Kauribai er således umiskendeligt forbundet med en gudinde, der bor blandt lavkaster i et beskidt miljø, og som har opnået denne tvivlsomme status ved at være alt for optaget af at undgå forurening.

Den måde, som nogle grupper i Nepal håndterer forurenende stoffer på, viser forbindelsen mellem Matangi og forurening og lave kaster. Fejere, latrinrensere og fiskere udgør den laveste kaste i Nepal, Pore. Disse kaster har den kritiske opgave at indsamle og bortskaffe det skadelige affald, som andre kaster har efterladt. Man mener, at de indsamler snavs, der er forbundet med død og ulykke, foruden fysisk beskidte genstande som menneskelige ekskrementer.

Grænserne for det "rene" samfund er derfor defineret ved, at de skal befinde sig uden for landsbyen. I virkeligheden er de afgørende for dette samfunds evne til at fungere, da de fungerer som den mekanisme, hvormed det frigiver sin egen forurening.

Hinduistiske begreber om kaste og forurening refererer ofte til de lave kasters funktion. I vores sammenhæng er det særligt interessant, fordi medlemmer af denne kaste også går under kastenavnet Matangi.

I den nepalesiske kultur er chwasas, særlige sten placeret ved vejkryds (et hyppigt sted for bortskaffelse af farlige genstande), ligeledes forbundet med forurenede materialer og produkter. Det er her, man smider resterne af dyreofringer til guderne, det sidste tøj og andre lignende ting. Nogle hævder, at den guddom, der er forbundet med disse chwasas, "er den farlige gudinde, Matangi", som siges at fortære disse skadelige stoffer.

Hun eliminerer forurening ved at tage den som en gave, ligesom de urørlige, hun lever blandt, og på den måde lever hun op til sit alias Uccista-Matangini.

Den seksuelle spænding mellem mand og kone understreges også i den anden version af Matangis oprindelseshistorie. I Mahavidyas legender er det velkendt, at Parvati (eller Sati) tigger Siva om tilladelse til at vende tilbage til sin families hus, og at Siva ikke vil give hende den. I forklædning forsøger Siva at teste og forføre sin egen kone, og hun gør det samme med ham. De fremstiller sig selv over for hinanden som "det forbudte" og øger muligvis utilsigtet (det er uklart) deres tiltrækning til hinanden på et seksuelt plan. Siva har følelser for Candala-jægerinden, og Parvati går med til at have sex med smykkesælgeren.

Historiens største konflikt er tiltrækningen af hemmelig sex. Den kvinde, som maithuna (samleje) udføres med i panca tattva-ritualet, er ikke altid udøverens kone og kan være fra en lavere kaste. Kraften i ulovlig sex er transformerende på den ene eller anden måde i både fortællingen og panca tattva-ritualet.

Når Siva engagerer sig i seksuel aktivitet, forvandler Siva sig virkelig til en Candala, men den sadhaka, der engagerer sig i maithuna med en lavkastedame, søger åndelig udvikling.

Gudindens stærke erotik forstærkes af hendes navn, Matangi. Hendes tilnavn, som oftest bruges til at beskrive en rasende hunelefant, betyder bogstaveligt talt "hende, hvis lemmer er berusede (af lidenskab)".

Gudinden Savaresvari, også kendt som Savaras' elskerinde, og Matangi har mange lighedspunkter. Savaraerne er en stamme, som der ofte henvises til i sanskritlitteraturen. De repræsenterer skovkulturen og det at leve uden for den moderne civilisations normer. Savaresvari er en 16-årig pige med en lille størrelse. Hun er helt dækket af blade, og hun har også øreringe lavet af slyngplanter og en krans lavet af gunja-frø. Hun synger og griner, mens hun holder en kurv lavet af lianer og samler frugt med sin højre hånd. En af Matangis facetter, hendes forbindelse til skoven, bliver sat i et levende relief af denne gudinde eller denne manifestation af Matangi.

Flere af Matangis hymne med 1.000 navne fra Nandyavarta-tantraens epiteter sammenligner hende med Savaresvari. Hun går under navnene Savari (v. 103), Hun, som bor i skoven, Hun, som går i skoven, Hun, som kender skoven, og Hun, som nyder skoven.

Hun beskrives som en, der elsker musik, ligesom Savaresvari, i sin hymne med hundrede navne fra Rudraydmala (v. 13). Raja-Matangi beskrives som lyttende til grønne papegøjers snak, spillende på vina, med malerier af blade på panden, med blomsterkranse i håret og med konkylieøreringe, mens hun reciterer sit dhyana-mantra i Sarada-tilaka-tantru.

Alle vilde skabninger er angiveligt under hendes kontrol. Set fra det brahmanske højkaste-samfunds perspektiv bekræftes og styrkes Matangis tilknytning til skoven og stammekulturen - som begge er udpræget "andre" - af denne forbindelse med Savaresvari.

GUDINDE FOR LÆRING OG DET OKKULTE

Den tredje fortælling refererer til endnu en facet af Matangi: hendes forbindelse til magiske evner, især evnen til at udøve indflydelse på andre.

For at få denne evne må vismanden Matariga udholde et liv i nøjsomhed. Matangi manifesterer sig derefter som en form for Kali for at imødekomme Matarigas anmodning.

Matangi æres for at opnå særlige magiske eller psykiske evner, ligesom andre Mahavidya-gudinder, især Bagalamukhi.

Mahavidyaerne karakteriseres i en bøn i Mahahagavata-purana ud fra deres usædvanlige natur og evner.

Sadhakaen beder om at have Chinnamastas kvaliteter i forhold til at være venlig over for andre, Bagalamukhi i konflikter, Dhumavatl i raseri, Tripura-sundari i kongelige pligter, Bhuvanesvarl i fredstider og Matangi i at beherske fjender.

Tantrasara hævder flere gange, at man får magt over andre, evnen til at få alt, hvad man siger, til at gå i opfyldelse, og magten til at tiltrække andre ved at meditere på, gentage mantraet om eller tilbede Matangi.

Prayog vidhi, som betyder "om opnåelse af ønsker", er en almindelig del af tekster relateret til Mahavidyas. Her gives flere "opskrifter" på, hvordan man opnår visse fordele til gengæld for at tilbede den relevante guddom.

Selv om Matangi ikke er særlig usædvanlig, når det gælder om at få opfyldt specifikke ønsker, er hun utvivlsomt forbundet med at opnå magiske evner og skænke tjenester.

At diskutere denne facet af Mahavidya-religionen i dybden er nyttigt for at få en mere omfattende forståelse af hendes tilbedelse.

Før man giver de præcise gaver for at få det, man ønsker, er der flere forudsætninger, der skal opfyldes.

Styrkelse af gudindens mantra (purascarna), i dette tilfælde Matangis mantra, som ville være en afgørende komponent i de følgende ritualer, kommer først og er af allerstørste betydning.

Sadhakaen udfører følgende ritualer for at styrke mantraet:

(1) at gentage selve mantraet 10.000 gange;

(2) at ofre blomster blandet med honning og ghee, mens man gentager mantraet 10.000 gange;

(3) Hældning af renset vand (tarpana, ofte gjort for forfædres ånder);

(4) at stænke vand ti gange, mens man gentager mantraet; og

(5) at give mad til ti brahmaner.

Mantraet anses nu for at være bemyndiget og er kendt som et siddha-mantra. Det er ikke nødvendigt at udføre mantraets første empowerment, hver gang det siges.

Ved fremtidige lejligheder skal sadhakaen blot gentage mantraet 10.000 eller 1000 gange for at "genoplade" det, så det får sin fulde styrke tilbage.

Derefter udføres tilbedelsen af den pitha eller det sted, hvor offergaverne skal bringes for at opnå den ønskede velsignelse.

Gudindens yantra er korrekt bygget (enten fysisk eller mentalt), når pithaen er blevet gjort ren ved at uddrive fjendtlige ånder og tilkalde beskyttende guddomme (vogterne af de ti retninger).

Sadhakaen starter et bål på denne helligdom til yantraen. Forskellige komponenter eller kombinationer af elementer opgives i ilden sammen med recitationen af Matangis mantra, alt efter hvad sadhakaen ønsker.

Nogle gange anbefales bestemte tidspunkter på dagen eller natten samt unikke steder, som f.eks. kremeringssteder, flodbredder, skove eller vejkryds, til at gennemføre ceremonien.

De tolv foreslåede "opskrifter" er som følger:

1. Sadhakaen vil få succes med yoga, hvis homa (ildofring) udføres med Mallika-blomster, en lille, hvid, velduftende blomst - ikke jasmin.

2. Bel-blomsterofringer vil give sadhakaen kongedømme og autoritet til at herske over andre.

3. Sadhaka vil få magt over andre, hvis der tilbydes gaver i form af Palas-blomster eller -blade.

4. Sygdomme vil blive elimineret, hvis man bruger en anden slags planter.

5. Den tilbedende vil samle en stor formue, hvis neem-kviste og ris lægges i ilden.

6. Sadhaka vil være i stand til at besejre fjender og udvide deres kornforsyning, hvis de leverer olie og salt.

7. Sadhakaen vil få evnen til at manipulere andre, hvis der bare tilføres salt.

8. Hvis gurkemejepulver, som Bagalamukhi kan lide, fordi det er strålende gult, præsenteres, vil den tilbedende få stambhana, Bagalamukhis særlige evne til at lamme andre.

9. Sadhaka vil være attraktiv for folk, hvis otte forskellige aromatiske produkter, såsom rød og hvid sandelpasta, safran og kamfer, præsenteres.

Den tilbedende bliver tiltrækkende for verden, hvis mantraet gentages 100 gange ekstra, og sandalpasta påføres den tilbedendes pande.

10. Sadhakaen vil have evnen til at trække andre til sig, hvis der lægges salt og honning i bålet, og mantraet siges 108 gange om natten.

11. Sadhakaen kan kontrollere kvinder ved at lave rispulver, bruge det til at lave brød og spise det, mens han gentager Matangi mantraet. Der er ikke noget homa-offer i dette tilfælde.

12. Endelig kan enhver blive sadhakas tjener ved at udføre følgende procedurer: Læg en konkylie i maven på en krage (sandsynligvis død), pak den ind i blå tråd, og brænd den over et bål midt om natten.

Påkald Matangis sang tusind gange, mens du betragter den forkullede krageaske. Enhver modtager af asken vil blive den tilbedendes slave. Denne ret bruger ikke homa, men afbrændingen af kragen på kremeringsbålet kan betragtes som et ildoffer til Matangi.

Ifølge Tantrasara skal sadhakaen ofre fisk, kød, kogte ris, mælk og røgelse til Matangi om natten på en kirkegård eller ved et vejkryds for at udvikle poetisk geni, sejre over modstandere og blive en anden Bruhaspati (gudernes præsteguru).

I samme litteratur siges det også, at Matangi skal have uccista, kattekød og gedekød for at opnå den maksimale forståelse af skrifterne.

At påkalde Karna-Matangi i Purascarydrnava sker i håb om, at hun kan give sadhakaen svar på et spørgsmål, han har stillet.

Vi har læst andetsteds, at de, der tilbeder Matangis yantra, reciterer hendes mantra 100.000 gange og ofrer 10.000 blomster i offerilden, vil modtage stor rigdom, være i stand til at kontrollere en vred konge og hans børn, være immune over for onde ånders dårlige virkninger og selv blive som guder. Tilbedere rådes i dette tilfælde til altid at behandle damer med respekt for at sikre, at deres sadhana bliver en succes.

GUDINDE MATANGI MANTRAER

DISSE MANTRAER SYNGES af hendes tilhængere og tilbedere med følgende mål for øje:

For Maa Matangis himmelske gunst, nåde og velsignelser. For at opnå viden og visdom. For at øge evnen til at tiltrække mennesker. For evner til at opnå jordiske mål.

Rod- eller Mool-mantra:

Om Hreem Aim Bhagawati Matangeshwari Shreem Svaha⬦

8 stavelser Mantra:

Ashtakshar Matangi Mantra

Kamini Ranjini Svaha.

10 stavelser Mantra:

Dashakshar Matangi Mantra

OM HREEM KLEEM HUM Matangyai Phat Svaha.

eller

aum hrim klim hum matangyai phat svaha - vamkesvaratantra/yamala

Opdelingen af Matangis mantra med ti stavelser:

hrim : Maya, Sakti bija; skaber af hele den materielle verden med denne lyd

klim : Kama bija, påkald ilden (af agni bija), opfylder alle ønsker

hum: damana bija- undertrykkelse af alt ondt og alle problemer (Rahu løber væk)

ma : Mor bija

tam : giver kraften til at tiltrække, folk vil komme til dig, udretter ting, der er i stand til at opnå Sarva Siddhi i kombination med Sarasvati bija.

yai : ya: Vayu bija, fredgiver, nedkastning.

ai: Sarasvati bija, giver af vidya (viden) og siddhi (perfektion), ophav til Jala bija (herfra begynder vandet at flyde - skabelse, kreativ energi), gør en ende på fjendskab.

yai: Vidya og siddhi med henblik på fred matangyai = At tiltrække Moderen for viden og fred (Matanga betyder elefant, personen bliver lige så stærk som en elefant).

phat : astra bija, påkalder guddommens kraft til at beskytte, beskytter dharma

sva: selv, atman, ild

ha: akash bija, frølyden af rum/æter-tattva

Svaha: selvets ønsker taget til himmels, ofret til guderne

aum hrim klim hum matangyai phat svaha |.

Stavelse og ord:

Matangis dasaksari-mantra har 10 aksaraer og 7 stavelser. Det 10. hus med karriere eller karma modtager energien fra den 7. bhava for følelser af samarbejde.

Da matanga er en elefant, skænker den held og lykke til ens bestræbelser samt anseelse og omdømme.

Den dæmper Solens ego og dominerende temperament, som er dens negative træk.

Det fremmer styrke, kommunikation og dhi (viden). Matangi-mantraerne kurerer skyld og renser mørket fra solkraften.

Denne sætning eliminerer specifikt den skyldfølelse, der forhindrer en i at opnå jobsucces.

Matangi Gayatri Mantra:

Om Shukrapriyayai Vidmahe Shrikameshvaryai Dhimahi Tannah Shyama Prachodayat.

m Maatngyae Ch Vidhmhe Uchchhisht Chaandaalyae Ch Dhimhi Tanho Devi Prachodyat.

Oversættelse:

Om, lad mig meditere på den største gudinde, som er den reneste form for viden, giv mig et højere intellekt, og lad gudinden Matangi oplyse mit sind.

Sumukhi Mantra:

om ucchistacandalini sumuki devi mahapisacini hrim thah thah thah

———————————

MATANGI KAVACAM.

ucchistam raksatu sirah sikham candalini tatah ◈

sumukhi kavacam raksed-devi raksatu caksusi. 5.

Hovedet er beskyttet af den umanifesterede helhed, der er kendt som Ucchista Brahman eller Ucchistam, som er en del af Sri Sumukhi Devis mantra. Beskyttelsen af Candalini strækker sig til toppen af hovedet, eller tuppen (sikha). Sumukhi Devi vogter kavacam, mens Sri Matangi, den guddommelige Moder Devi, vogter øjnene og vores syn.

Matangi Yantra:

Matangi Yantra indeholder gudinden Matangis frø-mantra indskrevet på en metalplade med symboler, der som instrument skænker dem, der reciterer frø-mantraet, enorm styrke, klarhed i talen, fred i sindet og et lykkeligt familieliv.

GUDINDE MATANGI-TEMPLER

—

Templer i Indien dedikeret til gudinden Matangi Devi:

1) Belgam: Dette er delstaten Karnatakas distriktshovedstad. Der ligger et Matangi Mata-tempel i Tilakwadi. Kun 1,4 km adskiller dette tempel fra Belgams jernbanestation. Hubli ligger 102 km væk fra Belgam.

2) Madanapalle er en kommunal by i Chittore-distriktet i delstaten Andhra Pradesh. Her i Nuthi Radhakrishnaiah Nagar ligger Mathanghi-templet. Dette tempel ligger lige ved siden af Madanapalles RTC Bustand. 26 kilometer adskiller Madanapalle fra Punganur og 113 kilometer fra Tirupati.

3) Nangur: I Nagapatnam-distriktet i staten Tamil Nadu er det et vaishnavitisk pilgrimssted tæt på Sirkazhi. I umiddelbar nærhed af Kudamadu Kuthar-templet ligger Raja Mathangi-templet. Sirkalazhi ligger kun 16 km fra Nangur.

4) Jhabua: Denne by i delstaten Madhya Pradesh fungerer som distriktets hovedkvarter. I dette område, ved siden af Krishi Vignan Kendra, ligger Mathngi Darshn (templet). Jhabua busholdeplads ligger 2,5 kilometer fra dette tempel. På Dahod Road ligger Jhabua 150 miles fra Indore og 45 km fra Dahod.

MATANGI MUDRA

Matangi Mudra er en hellig håndbevægelse eller "segl" og er opkaldt efter den hinduistiske gudinde Matangi.

Det bruges til at reducere stress, forbedre fordøjelsessundheden, give næring til kredsløbs- og lymfesystemet, lindre angst og styrke beslutsomheden.

Matangi mudra kan støtte solar plexus' åndedrætsimpuls og hjælpe med at genetablere energistrømmen der.

Følg følgende trin for at praktisere Matangi mudra:

1. Sæt dig i en behagelig meditationsstilling.
2. Flettede fingre, før håndfladerne sammen ved solar plexus (midt på navlen).
3. Peg sammen de midterste fingre på begge hænder op.
4. Træk vejret ind mod maven eller solar plexus.
5. Denne mudra kan udføres så ofte som nødvendigt i mindst fire minutter ad gangen.

Øv Matangi mudra tre gange dagligt for at opnå de største fordele.

1008 NAVNE PÅ GUDINDEN MATANGI

S hree Matangi Sahasranama Stotram

Engelsk oversættelse:

Det sagde Gud,

Nu, o gudinde, hør mig, når jeg forklarer sandheden bag dette.

Tusind navne er yderst gavnlige for perfektioneringen af et godt ansigt.

Den, der reciterer de tusind navne, vil sejre overalt.

Han har intet nederlag i forsamlingen eller i den store kamp

Ved at recitere dette mantra vil gudinden Durgā blive tilfreds og få et smukt ansigt.

Det er sådan, det sker, o gudinde, og den søgende er Herren Śiva.

Der var tusindvis af hesteofringer og hundreder af Vājapeya-ofringer.

Ved at recitere dette mantra én gang bliver man lykkelig og får et godt ansigt.

Vismanden i dette vediske mantra er Matanga, og sangen er Anuṣṭubdevī.

Det er en godmodig hengivenhed til årsagen til al rigdom.

Hvis man ønsker perfektion i sig selv, bør man meditere over dette og læse det.

Den sekstenårige gudinde var død og rørt med honning

Hun var mørk i huden, klædt i rødt og havde et stort bryst og en krans af lotusblomster.

De holdt sværdet i deres hænder, og det skarpe sværd

Man bør meditere på gudinden Kṛṣṇa, som er kendt som Cāṇḍālī, i hendes sinds lotus.

◈ Sumukhi Shemushisevya Surasa Shashishekhara

Hun er den samme som sadhani og er alle halvgudernes ansigt.

Sammada Sindhusevini, moderen til al rigdom.

Hun er blid og tilbedes af gudinden Śambhu.

Saranga Savali Velalavanyavanamalini.

Den skovøjede skovboer er skovboeren.

Vegini vegada vega bagalstha baladhika.

Kali Kalpriya Keli Kamala Kalkamini.

Lotus er i lotus, og lotus er i lotus.

Den ædle kvinde er skæv og dejlig, og gøgen taler med en hvisken.

Insektspilleren er sort, og panden er sort.

Gudindens navn er Keśinī, Kuśāvartta, Kauśāmbhī og kær ved Lord Keśava.

Kālī Kāśī er som den gode tid og giver hår.

Hun bar øreringe og var udsmykket med øreringe og ornamenter.

Kundapadma er liljen i dalen, og den øger kærligheden til liljen.

Hun er glad for brønde og er glad for brønde.

Kundabimbalinadani Kusumbhakusumakara.

Hendes gyldne ornamenter var udsmykket med guld, og hendes talje ringede med klokker.

Træet er hærdet, og liljekonvallen klør også.

Kaparddini Kapatini Kathini Kalakandini

Hun var en ung kvinde med en hånd i hånden og elskede Kurudhas blomster.

Elefanten befinder sig i elefanten, og elefanten befinder sig i elefanten.

Hun lå på et banantræ med sine hænder og lår.

Lotusblomstens skelet var vredt og stod i hulen.

Hun havde et dødningehoved på, og hendes hår rystede.

Kadambari ligger i kadamba og rummer kuṅkumas kærlighed.

Hun er en familiekvinde og fuld af medfølelse.

Navnene på disse to floder er Kātyāyanī, Kṛttikā, Kārttikī og Kuśavarttinī.

Hun er begærets hustru, den, der giver begær, den, der opfylder begær og den, der tilbeder begær.

Hun er begærets form og er passioneret omkring begær.

Den sværdsvingende, flyvende, sværdsvingende, sværdøjede fugl.

Æslerne brøler som æsler og er glade for at lege i æsler

Kharanshu er et stykke legetøj med et sværd, et sværd og et sværd.

Selv Khakhandinis berømmelse er fragmenteret og elsker at blive fragmenteret.

Hun elsker stykkerne og spiser dem, og havet af stykker er skåret over.

Ganges, Godavarī, Gaurī, Gotamya og Gautamī er også kendt.

Ganga Gaya Gaganga Garudi Garudadhvaja.

Gita er sangenes kæreste, og hun er dydernes elsker, læreren og bjerget.

Gaurgauri Gandasadana Gokula Gohpratarini.

Hun er køernes beskytter, og hun er skjult.

Gajaga Gopini Gopi Gokshajayapriya Gana.

Hun var datter af bjergenes konge og boede i Gokula.

Hun havde tykke bryster og en tyk smag.

Ghūṅkārīnī Ghūkṣakārī Ghūghūkaparivarītā.

Ghantanadpriya Ghanta Ghota Ghotakvahini.

Hun er også kendt som Ghorarupa og Ghorā.

Klokken er dækket af en gryde med ghee og et brus af ghee.

Hændelser er dødelige ulykker.

Chanchariki, cakori og chamuṇḍā er klædt i barktøj.

Hun var klog, vægelsindet, vægelsindet og opmærksom, og hun befandt sig i tankens juvel.

Hun er en firefoldig karakter, en tyv, en lærer og en mirakelmager.

Chakravartis brud er vidunderlig og har en hjulformet krop.

Bevidstheden bevæger sig, sindets funktion er bevidsthed, og bevidstheden er bevidstheden kær.

Hun var buesvingende og elskede champagne og var vild og bar en chandala.

Chiranjiwini Tacchinta er født i Chincha.

Paraplyen på kniven er knækket.

Chuchchundari Chalpreetishchuchchundarnivaswana.

Chhalini Chhatrada Chhinna Chhintchhedkari Chhata.

Chhadmini Chhandasi Chhaya Chharu Chhandakari.

Jayada Jayada Jayini Jamla Jatu:.

Jambupriya er den livgivende, bevægelige og bevægelige kærlighed.

Hun er universets livgiver og universets mor.

Hun er lederen af alle levende væsener i universet og besejrer alle levende væsener.

Hun elsker sin race og er levende og har en smag som en sky.

Moderen var folkets velfærd, og hustruen var Jambhasis fødested.

Jayada, universets beboer, er mor til alle halvguder.

Japa cha japati japya japaha jaayini jana.

Syng Jalandharamayijanurjjalauka.

Hun er universets livgiver, og Jaratkarus folk holder meget af hende.

Jagati Jannirta Jagachhobhakari Jawa.

Hun redder verden og nyder frugterne af jati-træet.

Hun er glad for jati-blomster og er en flamme, der dræber jati og tager form som jati.

Han kunne godt lide at ride på en sky og syede slidt tøj.

Hun var iført slidt tøj og brændte og ødelagde netværket.

Den race, der forstyrrer verden, ødelægger forstyrrelsen af verden.

Hun er et levende væsen, som bliver fornærmet af folk og bor i sin mors hus.

Jananuraga Janustha Jalvasa Jalarttikrit.

Hun er født i vandet og lever i vandets kredsløb.

Jalmukta Jalaroha Jalja Jaljekshana.

Hun elsker vand og er kendt som Jalauka og Jalanshabhavati.

Hendes krop glitrede af vand og var udsmykket med en flammende ild.

Jhinjha Jhillamayi Jhinjha Jhanatkarakari Jaya.

Jhanjhi Jhampakari Jhampa Jhampatrasanivarini.

Tankarstha Tankkari Tankarkarananhsa.

Hun var klædt i en diṇḍīra-kjole og havde en tankarotta på.

Dakini og damiri genlød også af lyden af en diṇḍima.

Lyden af dakara er smagen af varmen og varmen.

De unge Tundilā, Tunda, Tamasī og Tamasī er kære for mørket.

Tāmrā, Tāmravatī, Tantuṇḍila, Tulasa og Tula.

Hun er meget hurtig, som en krans af balancer og har lige store ønsker og er afhængig af en balance.

Tudini, Tunini, Tumba, Tulyakala, Tulashraya.

Tumula Tulaja Tulya Tuladankari

Tulyavega Tulyagatistulakotininadini.

Hun havde kobberlæber og kobberblade og var en kilde til mørke.

Den hurtige feberdæmpende bank er en stjerneformet tamale.

Tamodanavati Tamtalsthanvati Tami.

Uvidenhedens og mørkets tilstande er intense og meget kraftfulde.

En ung kvinde, der stod på bredden af floden, var smurt ind i sesamolie.

Tilottama er også kendt som Tilakrittarakadhishashekhara.

Tārā, som elsker sesamfrø og blomster, er gift med Tārakeśī.

Konen i stalden er stabil og øger bruttoformuen.

Staldens position er staldens afføring og sthapatiens bruttoform.

En gryde med en tyk overflade øger vedhæftningen til overfladen.

Hun var straffende, tandløs, tilbageholdende, fattig og barmhjertig over for de fattige.

Halvguderne er halvgudernes brud, og halvgudernes datter er halvgudernes pryd.

Hun er barmhjertig, afdæmpet, medfølende over for de fattige og har granatæblebryster.

Hun er gudernes legemliggørelse og dæmonernes ødelægger.

Parret legede med at vugge og var venlige og var som guder.

Hun befinder sig i den tiende lampe og ødelægger ondskab og forårsager ondskab.

Durgā er den, der lindrer svære lidelser og er svær at nå.

Det ødelægger dårlig lugt og lindrer smerter under dårlige forhold

Hun lugtede dårligt og lød som en tromme og boede langt væk.

Hun giver smerte og udødelighed og er en elsker af de syge og en undertrykker.

Dhurandhara er også kendt som Dhurina, og Dhoureyi er den, der giver rigdom.

Jordens rolige stemme er den, der giver religion og et standhaftigt sind.

Buen er kilden til arterien, og arterien er kilden til arterien.

Hun ryger, drikker røg og nyder røg.

Nandini Nandini Nanda Nandini Nanda Balika.

Den nye Narmada er en spøgefuld flod, der lyder som en regulering.

Floden Nirmala er grundlaget for Vedaerne og er nøgen og lystfuld.

Hun er blå, fri for ædelstene, nirvāṇa, fri for grådighed, fri for dyd og for at bøje sig.

Hun var blåhalset og fri for al smerte.

Nirguṇḍīka er også kendt som nirguṇḍā, nirṇāsa, næsen.

Flagbæreren er flagbæreren, og bladelskeren er den mælkeagtige.

Peena, en tykbrystet kone, er en vindspiser og et mareridt.

Paraparparakali Parakrityabhujpriya.

Vinden er i vinden og øger glæden ved vinden.

Dyrevækst, blomsterernæring, Pushtivardhini.

Den blomstrende kvinde holder en bog og lever på fuldmånens gulv.

Musklen er rebet, der laver rebet, og dyret, der dræber støvet, er dyret.

Patu, Parasha, bar en økse og et reb.

Hun dræber synder og er gift med en falden mand.

Hun er også en dæmon og dræber djævle og tilfredsstiller djævlens mad.

Drikkeren og drikkekarret var klar til at give ham drikke.

Peyaprasiddha Piyusha Purna Purnamanoratha.

Hun var som et møl og drak igen og igen

Den mudrede kvinde var druknet i mudder, og vandet var i et bur

Det femte er det femte offer, det femte er det femte, og det femte er det ubehagelige.

Pichumanda, Pundarika, Piki, Pingalalochana.

Priyaṅga-træets blomster er som piṇḍī, pāṇḍita og pāṇḍuraprabha.

Hun sidder på de dødes sæde og befinder sig i Priyala.

Hun er frugtbar og giver frugter og er frugternes skønhed og frugternes pryd

Futkarkarini Rafari Fulla Fullambujanana.

Hun dræber gnister og har masser af intelligens og masser af berømmelse

Balamaya er styrkens fjende, og svaghed øger styrken.

Fløjtespilleren, som vandrer rundt i skoven, føder også Viraṇci.

Vidyaprada Mahavidya Bodhini Bodhidayini.

Buddhas mor og Buddha er de bedste af skovens guirlander.

Varuṇī, der skænker velsignelser, spiller altid på veena.

Hun er altid legesyg og altid glad.

Hun er læge og er verdenskendt for sin medicinske behandling.

Flodens tid overvældes af lynets flodbølge og giver rigdom og er fri for feber.

Virava Vivarikara Bimboshthi Bimbavatsala.

Hun boede i Vindhya og blev tilbedt af andre.

Vedantavedya Vijaya Vijayavijayprada.

Hun er fri for sygdom og beder for andre.

Hans søster Bhagamālā er også kendt som Bhavānī, som ødelægger bygninger.

Bhima Bhimana Bhimabhangura Bhimdarshana

Bhilli, Bhilladhara, Bhiru, Bbharundabhi, Bhayavaha.

Bhaga er Bhagas slange, og Bhaga er Bhagas form.

Hun sad på Bhavabhogas trone og var dekoreret med lyden af trommer.

Den skræmmende kvinde, hvis stemme er frygtindgydende, er udsmykket med slanger.

Bhāradvāja er den, der giver glæde, den, der ødelægger spøgelser, og den, der pryder spøgelser.

Kongen er den, der giver land og den, der skænker rigdom.

Bæveren, bæveren, spyddet, er kongens familie.

Mor Manohara Maya Manini Mohini Mahi.

Mahalakshmirmadakshiba Madira Madiralaya.

Gudinden Mādhavī, som er beruset af beruselse, er i en tilstand af vanvid og knuser honning.

Moda Modakari Medha ligger midt i Medhya.

Hun er fuld og grådig efter kød og er glad og klar til at have sex.

Mūrddhavatī er den store illusoriske energi, herlighedens tempel.

Mahamala Mahavidya Pandemic Maheshwari.

Mathurā, Herren Śivas brud, er udsmykket med bjerge.

Hun var meget tyk og havde øjne som Milinda. Hun besejrede bøflerne og dæmonerne.

Hun befinder sig i cirklen og er stolt af sin passion for vin.

Hun giver befrielse og er kendt som Muṇḍamalā og Mālā.

Hun var også kendt som Mātaṅgī og Mātaṅgī, datter af Mātaṅga.

Hun flød med honning og smagte sødt og elskede Bandhukas blomster.

Gudinden Yamini er udsmykket med ornamenter fra gudinden Yaminis herre.

Yavankurpriya Yama Yavani Yavanardini.

Hun dræber Yama og er som Yama og i offerets skikkelse.

Yajna Yajna Yajur Yakṣī Yaśoṇī er kilden til rystelser.

Yakṣiṇī, yakṣaernes mor, er Yaśodās mor.

Yaśa skænker tråde, og Yama udfører ofringer og ritualer

Den berømte Yakara befinder sig i Bhuya-søjlen.

Ranjita kongens dronning Rama Rekha Ravi Rana

Rajavati, Rajaschitra, Ranjani og Rajanipati.

Kongens nat er syg og giver riget og øger riget.

Rajnwati politisk og Rajatvasini.

Den smukke og charmerende Rama er Ramavati Rati.

Sæd er ægteskabeligt, ægteskabeligt, entusiastisk, ødelægger sygdomme og forårsager sygdomme.

Rāṅgā, lykkens gudinde, er kilden til al lidenskab.

Ramika Rajki Reva Rajani Ranglochana.

Hun var klædt i rødt læder og befandt sig i arenaen.

Rama er glad for Rambhas frugt og holder af Rambhos lår.

Farverne er søde, og himlen er meget høj.

Den forebygger og dræber sygdomme og udskiller sygdomme, der giver skønhed.

Bandi Vandistuta Bandhu Bandhuka Kusumadhara

Hun blev dyrket og tilbedt af Vaidravī, som var velbevandret i vedaerne.

Hun var vred og beskyttende og var kærlig over for Viṅka.

Vedaerne er knyttet til loven og er en kilde til forvirring.

Śaṅkhinī Śaṅkhavalāya Śaṅkhamālāvatī Śami

Månen er muslingeskallenes kar, muslingeskallenes lyd, muslingeskallenes hals.

Sabari, Shambari, Shambhu, Shambhukesha, Sharasini.

Hun var en død kvinde med en mørk høg, en mørk krop og mørke øjne.

Kirkegården er det sted, hvor kirkegården er udsmykket.

Hun er kendt som Shamadā, Śamahantrī, Śaṅkhini og Śaṅkharoṣara.

Fred er den, der skænker fred, og Shesha er kendt som Shesha og ligger på resten.

Shemushi, Shoshini, Shesha, Shaurya, Shaurya, Shara, Shari.

Hun forbander og ødelægger forbandelser og er vejen til forbandelser og er altid lykkebringende.

Hun er kendt som Śṛṅgiṇī, lykkens gudinde, som spiser horn og palas.

Hun befinder sig i et lig og spiser lig.

Shavini er skønheden i Shavashinsha, og Shava er fredens løgn.

De dødes øreringe er tegn på Śiva-śīkara.

Shavakanchi Shavashrika Shabamala Shavakriti.

Savanti Sankucha Shaktishshantanushshvadayini.

Sindhusraswati Sindhusundari Sundaranna.

Den hellige person er den, der skænker perfektion, og Siddha er Siddha Saraswati.

Afkom er kilden til rigdom, og kilden til rigdom er kilden til rigdom.

Sapatni Sarasa Sarasvatkari Sudha

Hun spiste vin og kød og blev altid tilbedt.

Samdhissamada Seema Samoha Samdarshana.

Samatissamdha Seema Savitri Savidha Sati.

Savana Savanasara Savara Savara Sami

Simra er altid hjælperen for den hellige Sadhri.

Latter Latter Latter LatterJwalNicholyuk.

Halini Halini Hala Halsrirharvallabha.

Ordet halā kaldes halāvatī, og det øger andres glæde.

Morderen er hestens morder, og morderen er hestens morder.

Hankari Hankritirhanka hihihahahahitahita.

Hīti, som giver guld, er halskædebæreren og er godkendt af Herren.

Hora, Hotri, Holika, Homa, Homa, Havir og Havi.

Hunnen har hjorteøjne og lever i Himalaya.

Hun havde en lang mave, lange ører og en lang krop.

Leela Lilavati Lola Lalna Lalita Lata.

Hun havde røde øjne og lokkende rullende øjne og tilhørte en adelig familie.

Lapatni, Lapati, Lampa, Lopamudra, Lalantika.

Latika Langhini Langha Lalima Laghu Madhyama.

Den letteste, den letteste, den smukkeste, den mest destruktive.

Kvinden kaldes Lomaśā, Lomalambī, Lulanti og Lulumpatī.

Lulayastha Balahari Lankapura Purandara.

Lakshmi er overdådighedens giver og fås med lakerede øjne og rullende udstråling

Øjeblikket er det øjeblik, hvor man rører sig, tilgiver, tilgiver, tilgiver.

Hun var en slank kvinde med en slank mave og en slank kvinde, der gik i silke og var en kṣatriya.

Forfaldet er årsagen til forfald, mælken giver mælk, og havet er mælk.

Det er kilden til al lykke og ødelæggelse.

Hun er ubetydelig, ubetydelig, ubetydelig, tilgivende og syndfri.

Disse tusind navne på moderen skænker perfektion til den velansete

Den, der reciterer dette mantra med opmærksomhed og dagligt, bliver den højeste herre.

Den, der dagligt reciterer dette mantra uden umoral, vil blive både fattig og rig.

O gudinde, talens mand vil blive stum, og patienten vil blive rask igen.

Hvis man beder om en søn, vil man få en, der er berømt i de tre verdener.

Selv en ufrugtbar kvinde føder en søn, der er lige så lærd som hendes mand.

Der skal være mange sandheder, og køerne skal give rigeligt med mælk.

Konger ville bøje sig for hans fødder, og hans smil ville være lige så tydelige, som de var.

Selv om fjenderne huskes af sindet, bliver de tilintetgjort.

Mænd og kvinder fødes ved at se det og er underlagt det.

Den, der gør, den, der ødelægger, er utvivlsomt født som en selvskabt helt.

Uanset hvad man ønsker, opnår man helt sikkert enden på sine ønsker.

Han har ingen ondskab og ingen sorg på nogen måde.

Den, der reciterer dette mantra ved midnat på de fire veje, er den bedste af dem, der opnår noget.

Han er alene og frygtløs og heroisk.

Der er ingen tvivl om, at sindets arbejde er sindets perfektion.

Man bør aldrig messe noget mantra uden Herrens tusind navne.

Selv efter hundredvis af mantraer og kalpaer kan man ikke opnå perfektion.

Den, der synger dette mantra ved middagstid på Kujavāra-dagen eller på kirkegården

Den, der har fuldført sit formål, vil blive født som den, der gør og ødelægger mennesker i denne verden.

Hvis man lider af sygdom, bør man recitere dette mantra ved midnat, mens man sidder i et sæde.

Hvis han straks er rask, er han fri for frygt.

Man bør synge Manu ved midnat eller på kirkegården om lørdagen.

Så skal man messe mantraet 18.000 gange ti gange.

Dette er de tusind navne på Herren Śiva selv.

I form af en stor vind brølede hun som en frygtelig ko.

Så hvis der ikke er nogen frygt, skal ordene "giv mig" bruges.

På det tidspunkt skal man ofre dyr, og gudinden Caṇḍika tager selv imod dem.

Den lykkebringende gudinde med det smukke ansigt giver hende den velsignelse, hun ønsker, og tager af sted.

Rocana, aguru, moskus, kamfer og sandeltræ.

Skriv det på et stykke bhurjja-papir med safran på den bedste dag.

Han er aktiv i vinden, når den lykkebringende konstellation er i konjunktion.

Når man har udført sampātana-ritualet, skal man holde den i sin højre hånd.

Den, der har overvundet sine sanser, bør bære tusind navne på en gylden halskæde.

Hvis ministeren bøjer sig for ham, vil han dø i vrede.

Der er ingen frygt for onde hunde og dyr nogen steder.

Min kære hustru, dette er beskyttelse af børn, selv af gravide kvinder.

De forheksede, stak, trak, dræbte og løftede.

Disse er helt sikkert født af den søgende ved at holde instrumentet.

Hvis det står for et flag skrevet på et blåt klæde,

På det tidspunkt bliver den mægtige fjendes hær tilintetgjort.

Hvis man messer dette mantra og bærer den store aske på sin pande.

Alle levende væsener er hans tjenere bare ved at se på ham.

Selv kongers koner er tvunget til at gøre det, men hvad med byens andre kvinder?

Den, der messer dette mantra og drikker dette vand i en måned, vil blive en stor poet.

Der er ingen tvivl om, at en lærd mand er født som en stor taler.

Man bør recitere denne stotra for at perfektionere Herrens fødder.

Efter at have ofret ti lotusblomster og tre honningkager i henhold til de foreskrevne ritualer.

Lotusblomsten kommer automatisk til boligen med sin stemme.

Mantraet er at blive frigjort og blive en kvinde med et godt ansigt.

Han vil blive uendeligt from og ugudelig og vil gå i forfald.

Hvad er frugten af at bade på hellige steder som Pushkara?

Et levende væsen opnår frugterne af det ved at recitere de velansattes hymner.

Dette er, hvad jeg har sagt, og de holder det hele hemmeligt, du smukke.

Hvis du opnår fuldkommenhed, o gudinde, vil du ikke afsløre dem for mig.

Ved at afsløre det vil hun blive ufuldstændig, og hun vil blive vred og have et godt ansigt.

Der er ingen i denne verden, der kan give perfektion til alle levende væsener.

Jeg tilbeder gudindens smukke ansigt med et muntert ansigt og et ansigt som fuldmånen.

Hendes hoved var dekoreret med sindur, og hendes perlekæde svingede som honning.

og undervisning i hænderne på den sortøjede

Hun var udsmykket med en masse papegøjer og lotusblomster, og hendes fletninger var løse.

Dette er Matangi Sahasranama Stotram i Uttarkhanda i Sri Nandivartta Tantra.

Fuldstændig.

Original sanskrit-tekst:

atha maatangee sahasranaama stotram

eeshvara uvaacha

shri'nu devi pravakshyaami saampratantattvatah' param.

naamnaam sahasramparamam sumukhyaah' siddhaye hitam.

sahasranaamapaat'hee yah' sarvatra vijayee bhavet.

paraabhavo na tasyaasti sabhaayaavvaa mahaarane.

yathaa tusht'aa bhaveddevee sumukhee chaasya paat'hatah'.

tathaa bhavati deveshi saadhakah' shiva eva sah'.

ashvamedhasahasraani vaajapeyasya kot'ayah'.

sakri'tpaat'hena jaayante prasannaa sumukhee bhavet.

matango'sya ri'shishchhando'nusht'ubdevee sameeritaa.

sumukhee viniyogah' syaatsarvasampattihetave.

evandhyaatvaa pat'hedetadyadeechchhetsiddhimaatmanah'.

deveem shod'ashavaarshikeem shavagataammaadhveerasaaghoornitaam

shyaamaangeemarunaambaraampri'thukuchaangunjaavaleeshobhitaam.

hastaabhyaandadhateenkapaalamamalanteekshnaantathaa

karttrikaandhyaayenmaanasapankaje
bhagavateemuchchhisht'achaand'aalineem.

om sumukhee shemusheesevyaa surasaa shashishekharaa.

samaanaasyaa saadhanee cha samastasurasanmukhee.

sarvasampattijananee sammadaa sindhusevinee.

shambhuseemantinee saumyaa samaaraadhyaa sudhaarasaa.

saarangaa savalee velaalaavanyavanamaalinee.

vanajaakshee vanacharee vanee vanavinodinee.

veginee vegadaa vegaa bagalasthaa balaadhikaa.

kaalee kaalapriyaa kelee kamalaa kaalakaaminee.

kamalaa kamalasthaa cha kamalasthaakalaavatee.

kuleenaa kut'ilaa kaantaa kokilaa kalabhaashinee.

keeraakelikaraa kaalee kapaalinyapi kaalikaa.

keshinee cha kushaavarttaa kaushaambhee keshavapriyaa.

kaalee kaashee mahaakaalasankaashaa keshadaayinee.

kund'alaa cha kulasthaa cha kund'alaangadamand'itaa.

kund'apadmaa kumudinee kumudapreetivarddhinee.

kund'apriyaa kund'aruchih' kuranganayanaa kulaa.

kundabimbaalinadanee kusumbhakusumaakaraa.

kaanchee kanakashobhaad'hyaa kvanatkinkinikaakat'ih'.

kat'horakaranaa kaasht'haa kaumudee kand'avatyapi.

kaparddinee kapat'inee kat'hinee kalakand'inee.

keerahastaa kumaaree cha kurood'hakusumapriyaa.

kunjarasthaa kujarataa kumbhee kumbhastanee kalaa.

kumbheekaangaa karabhorooh' kadalee kushashaayinee.

kupitaa kot'arasthaa cha kankaalee kandalaalayaa.

kapaalavaasinee keshee kampamaanashiroruhaa.

kadambaree kadambasthaa kunkumapremadhaarinee.

kut'umbinee kri'paayuktaa kratuh' kratukarapriyaa.

kaatyaayanee kri'ttikaa cha kaarttikee kushavarttinee.

kaamapatnee kaamadaatree kaameshee kaamavanditaa.

kaamaroopaa kaamaratih' kaamaakhyaa jnyaanamohinee.

khad'ginee khecharee khanjaa khanjareet'ekshanaa khagaa.

kharagaa kharanaadaa cha kharasthaa khelanapriyaa.

kharaamshuh' khelanee khat'vaakharaakhat'vaangadhaarinee.

kharakhand'inyapi khyaatih' khand'itaa khand'anapriyaa.

khand'apriyaa khand'akhaadyaa khand'hasindhushcha khand'inee.

gangaa godaavaree gauree gotamyapi cha gautamee.

gangaa gayaa gaganagaa gaarud'ee garud'adhvajaa.

geetaa geetapriyaa geyaa gunapreetirggururgiree.

gaurgauree gand'asadanaa gokulaa goh'prataarinee.

goptaa govindinee good'haa good'havigrastagunjinee.

gajagaa gopinee gopee gokshaajayapriyaa ganaa.

giribhoopaaladuhitaa gogaa gokulavaasinee.

ghanastanee ghanaruchirgghanorugghananissvanaa.

ghunkaarinee ghukshakaree ghooghookaparivaaritaa.

ghant'aanaadapriyaa ghant'aa ghot'aa ghot'akavaahinee.

ghoraroopaa cha ghoraa cha ghri'tapreetirgghri'taanjanee.

ghri'taachee ghri'tavri'sht'ishcha ghant'aa ghat'aghat'aavri'taa.

ghat'asthaa ghat'anaa ghaatakaree ghaatanivaarinee.

chanchareekee chakoree cha cha chaamund'aa cheeradhaarinee.

chaaturee chapalaa chanchushchitaa chintaamanisthitaa.

chaaturvarnyamayee chanchushchoraachaaryaa chamatkri'tih'.

chakravartivadhooshchitraa chakraangee chakramodinee.

chetashcharee chittavri'ttishchetanaa chetanapriyaa.

chaapinee champakapreetishchand'aa chand'aalavaasinee.

chiranjeevinee tachchintaa chinchaamoolanivaasinee.

chhoorikaa chhatramadhyasthaa chhindaa chhindakaree chhidaa.

chhuchchhundaree chhalapreetishchhuchchhundaranibhasvanaa.

chhalinee chhatradaa chhinnaa chhint'ichchhedakaree chhat'aa.

chhadminee chhaandasee chhaayaa chharoo chhandaakareetyapi.

jayadaa jayadaa jaatee jaayinee jaamalaa jatuh'.

jamboopriyaa jeevanasthaa jangamaa jangamapriyaa.

javaapushpapriyaa japyaa jagajjeevaa jagajjanih'.

jagajjantupradhaanaa cha jagajjeevaparaajavaa.

jaatipriyaa jeevanasthaa jeemootasadri'sheeruchih'.

janyaa janahitaa jaayaa janmabhoorjjambhasee jabhooh'.

jayadaa jagadaavaasaa jaayinee jvarakri'chchhrajit.

japaa cha japatee japyaa japaahaa jaayinee janaa.

jaalandharamayeejaanurjaalaukaa jaapyabhooshanaa.

jagajjeevamayeejeevaa jaratkaarurjjanapriyaa.

jagatee jananirataa jagachchhobhaakaree javaa.

jagateetraanakri'jjanghaa jaateephalavinodinee.

jaateepushpapriyaa jvaalaa jaatihaa jaatiroopinee.

jeemootavaahanaruchirjjeemootaa jeernavastrakri't.

jeernavastradharaa jeernaa jvalatee jaalanaashinee.

jagatkshobhakaree jaatirjjagatkshobhavinaashinee.

janaapavaadaa jeevaa cha jananeegri'havaasinee.

janaanuraagaa jaanusthaa jalavaasaa jalaarttikri't.

jalajaa jalavelaa cha jalachakranivaasinee.

jalamuktaa jalaarohaa jalajaa jalajekshanaa.

jalapriyaa jalaukaa cha jalaamshobhavatee tathaa.

jalavisphoorjjitavapurjjvalatpaavakashobhinee.

jhinjhaa jhillamayee jhinjhaajhanatkaarakaree jayaa.

jhanjhee jhampakaree jhampaa jhampatraasanivaarinee.

t'ankaarasthaa t'ankakaree t'ankaarakaranaamhasaa.

t'ankaarot't'akri'tasht'heevaa d'ind'eeravasanaavri'taa.

d'aakinee d'aamiree chaiva d'ind'imadhvaninaadinee.

d'akaaranissvanaruchistapinee taapinee tathaa.

tarunee tundilaa tundaa taamasee cha tamah' priyaa.

taamraa taamravatee tantustundilaa tulasambhavaa.

tulaakot'isuvegaa cha tulyakaamaa tulaashrayaa.

tudinee tuninee tumbaa tulyakaalaa tulaashrayaa.

tumulaa tulajaa tulyaa tulaadaanakaree tathaa.

tulyavegaa tulyagatistulaakot'ininaadinee.

taamrosht'haa taamraparnee cha tamah'sankshobhakaarinee.

tvaritaa jvarahaa teeraa taarakeshee tamaalinee.

tamodaanavatee taamataalasthaanavatee tamee.

taamasee cha tamisraa cha teevraa teevraparaakramaa.

tat'asthaa tilatailaaktaa tarunee tapanadyutih'.

tilottamaa cha tilakri'ttaarakaadheeshashekharaa.

tilapushpapriyaa taaraa taarakeshee kut'umbinee.

sthaanupatnee sthirakaree sthoolasampadvivarddhinee.

sthitih' sthairyasthavisht'haa cha sthapatih' sthoolavigrahaa.

sthoolasthalavatee sthaalee sthalasangavivarddhinee.

dand'inee dantinee daamaa daridraa deenavatsalaa.

devaa devavadhoorddityaa daaminee devabhooshanaa.

dayaa damavatee deenavatsalaa daad'imastanee.

devamoorttikaraa daityaadaarinee devataanataa.

dolaakreed'aa dayaalushcha dampatee devataamayee.

dashaadeepasthitaa doshaadoshahaa doshakaarinee.

durgaa durgaartishamanee durgamyaa durgavaasinee.

durgandhanaashinee dussthaa duh'khaprashamakaarinee.

durggandhaa dundubheedhvaantaa doorasthaa dooravaasinee.

daradaamaradaatree cha durvvyaadhadayitaa damee.

dhurandharaa dhureenaa cha dhaureyee dhanadaayinee.

dheeraaravaa dharitree cha dharmadaa dheeramaanasaa.

dhanurddharaa cha dhamanee dhamaneedhoorttavigrahaa.

dhoomravarnaa dhoomrapaanaa dhoomalaa dhoomamodinee.

nandinee nandineenandaa nandineeinandabaalikaa.

naveenaa narmadaa narmanemirnniyamanissvanaa.

nirmalaa nigamaadhaaraa nimnagaa nagnakaaminee.

neelaa niratnaa nirvaanaa nirllobhaa nirgunaa natih'.

neelagreevaa nireehaa cha niranjanajamaanavaa.

nirgund'ikaa cha nirgund'aa nirnnaasaa naasikaabhidhaa.

pataakinee pataakaa cha patrapreetih' payasvinee.

peenaa peenastanee patnee pavanaashee nishaamayee.

paraaparaparaakaalee paarakri'tyabhujapriyaa.

pavanasthaa cha pavanaa pavanapreetivarddhinee.

pashuvri'ddhikaree pushpee poshakaa pusht'ivarddhinee.

pushpinee pustakakaraa poornimaatalavaasinee.

peshee paashakaree paashaa paamshuhaa paamshulaa pashuh'.

pat'uh' paraashaa parashudhaarinee paashinee tathaa.

paapaghnee patipatnee cha patitaa patitaapatee.

pishaachee cha pishaachaghnee pishitaashanatoshinee.

paanadaa paanapaatree cha paanadaanakarodyataa.

peyaaprasiddhaa peeyooshaa poornaa poornamanorathaa.

patangaabhaa patangaa cha paunah'punyapibaaparaa.

pankilaa pankamagnaa cha paaneeyaa panjarasthitaa.

panchamee panchayajnyaa cha panchataa panchamaapriyaa.

pichumandaa pund'areekaa pikee pingalalochanaa.

priyangumanjaree pind'ee pand'itaa paand'uraprabhaa.

pretaasanaa priyaalasthaa paand'ughnee peenasaapahaa.

phalinee phaladaatree cha phalashreeh' phalabhooshanaa.

phootkaarakaarinee raphaaree phullaa phullaambujaananaa.

sphulingahaa spheetamatih' spheetakeerttikaree tathaa.

baalamaayaa balaaraatirbbalinee balavarddhinee.

venuvaadyaa vanacharee viranchijanayatyapi.

vidyaapradaa mahaavidyaa bodhinee bodhadaayinee.

buddhamaataa cha buddhaa cha vanamaalaavatee varaa.

varadaa vaarunee veenaa veenaavaadanatatparaa.

vinodinee vinodasthaa vaishnavee vishnuvallabhaa.

vaidyaa vaidyachikitsaa cha vivashaa vishvavishrutaa.

vidyaughavihvalaa velaa vittadaa vigatajvaraa.

viraavaa vivareekaaraa bimbosht'hee bimbavatsalaa.

vindhyasthaa paravandyaa cha veerasthaanavaraa cha vit.

vedaantavedyaa vijayaa vijayaavijayapradaa.

virogee vandinee vandhyaa vandyabandhanivaarinee.

bhaginee bhagamaalaa cha bhavaanee bhavanaashinee.

bheemaa bheemaananaa bheemaabhanguraa bheemadarshanaa.

bhillee bhilladharaa bheerurbbharund'aabhee bhayaavahaa.

bhagasarpinyapi bhagaa bhagaroopaa bhagaalayaa.

bhagaasanaa bhavaabhogaa bhereejhankaararanjitaa.

bheeshanaa bheeshanaaraavaa vabhagatyahibhooshanaa.

bhaaradvaajaa bhogadaatree bhootighnee bhootibhooshanaa.

bhoomidaabhoomidaatree cha bhoopatirbbharadaayinee.

bhramaree bhraamaree bhaalaa bhoopaalakulasamsthitaa.

maataa manoharaa maayaa maaninee mohinee mahee.

mahaalakshmeermadaksheebaa madiraa madiraalayaa.

madoddhataa matangasthaa maadhavee madhumarddinee.

modaa modakaree medhaa medhyaamadhyaadhipasthitaa.

madyapaa maamsalobhasthaa modinee maithunodyataa.

moorddhaavatee mahaamaayaa maayaa mahimamandiraa.

mahaamaalaa mahaavidyaa mahaamaaree maheshvaree.

mahaadevavadhoomaanyaa mathuraa merumand'itaa.

medasvinee milindaakshee mahishaasuramarddinee.

mand'alasthaa bhagasthaa cha madiraaraagagarvitaa.

mokshadaa mund'amaalaa cha maalaa maalaavilaasinee.

maatanginee cha maatangee maatangatanayaapi cha.

madhusravaa madhurasaa bandhookakusumapriyaa.

yaaminee yaamineenaathabhooshaa yaavakaranjitaa.

yavaankurapriyaa yaamaa yavanee yavanaardinee.

yamaghnee yamakalpaa cha yajamaanasvaroopinee.

yajnyaa yajnyayajuryakshee yashonih' kampakaakaarinee.

yakshinee yakshajananee yashodaayaasadhaarinee.

yashassootrapradaa yaamaa yajnyakarmakareetyapi.

yashasvinee yakaarasthaa bhooyastambhanivaasinee.

ranjitaa raajapatnee cha ramaa rekhaa ravee ranaa.

rajovatee rajashchitraa ranjanee rajaneepatih'.

roginee rajanee raajnyaa raajyadaa raajyavarddhinee.

raajanvatee raajaneetistathaa rajatavaasinee.

ramaneeramaneeyaa cha raamaa raamaavatee ratih.

reto ratee ratotsaahaa rogaghnee rogakaarinee.

rangaa rangavatee raagaa raagaa raagajnyaa raagakri'ddayaa.

raamikaa rajakee revaa rajanee rangalochanaa.

raktacharmadharaa rangee rangasthaa rangavaahinee.

ramaa rambhaaphalapreetee rambhoroo raaghavapriyaa.

rangaa rangaangamadhuraa rodasee cha mahaaravaa.

rodhakri'drogahantree cha roopabhri'drogasraavinee.

bandee vandistutaa bandhurbandhookakusumaadharaa.

vanditaa vandyamaanaa cha vaidraavee vedavidvidhaa.

vikopaa vikapaalaa cha vinkasthaa vinkavatsalaa.

vedairvilagnalagnaa cha vidhivinkakaree vidhaa.

shankhinee shankhavalayaa shankhamaalaavatee shamee.

shankhapaatraa shinee shankhasvanashankhagalaa shashee.

shabaree shambaree shambhuh' shambhukeshaa sharaasinee.

shavaa shyenavatee shyaamaa shyaamaangee shyaamalochanaa.

shmashaanasthaa shmashaanaa cha shmashaanasthaanabhooshanaa.

shamadaa shamahantree cha shankhinee shankharosharaa.

shaantishshaantipradaa sheshaa sheshaakhyaa sheshashaayinee.

shemushee shoshinee sheshaa shauryaa shauryasharaa sharee.

shaapadaa shaapahaa shaapaashaapanthaa sadaashivaa.

shri'nginee shri'ngipalabhuk shankaree shaankaree shivaa.

shavasthaa shavabhuk shaantaa shavakarnaa shavodaree.

shaavinee shavashimshaashreeh' shavaa cha shamashaayinee.

shavakund'alinee shaivaasheekaraa shishiraashinaa.

shavakaanchee shavashreekaa shabamaalaa shavaakri'tih'.

savantee sankuchaa shaktishshantanushshavadaayinee.

sindhussarasvatee sindhussundaree sundaraananaa.

saadhuh' siddhipradaatree cha siddhaa siddhasarasvatee.

santatissampadaa samvachchhankisampattidaayinee.

sapatnee sarasaa saaraa saarasvatakaree sudhaa.

suraasamaamsaashanaa cha samaaraadhyaa samastadaa.

samadheessaamadaa seemaa sammohaa samadarshanaa.

saamatissaamadhaa seemaa saavitree savidhaa satee.

savanaa savanaasaaraa savaraa saavaraa samee.

simaraa satataa saadhvee sadhreechee sasahaayinee.

hamsee hamsagatihamsee hamsojjvalanicholayuk.

halinee haalinee haalaa halashreerharavallabhaa.

halaa halavatee hyeshaa helaa harshavivarddhinee.

hantirhantaa hayaahaahaahataahantaatikaarinee.

hankaaree hankri'tirhankaa heeheehaahaahitaahitaa.

heetirhemapradaa haaraaraavinee harirasammataa.

horaa hotree holikaa cha homaa homahavirhavih'.

harinee harineenetraa himaachalanivaasinee.

lambodaree lambakarnaa lambikaa lambavigrahaa.

leelaa leelaavatee lolaa lalanaa lalitaa lataa.

lalaamalochanaa lobhyaa lolaakshee satkulaalayaa.

lapatnee lapatee lampaa lopaamudraa lalantikaa.

latikaa langhinee langhaa laalimaa laghumadhyamaa.

lagheeyasee laghoodaryaa lootaa lootaavinaashinee.

lomashaa lomalambee cha lulantee cha lulumpatee.

lulaayasthaa balaharee lankaapurapurandaraa.

lakshmeerllakshmeepradaa labhyaa laakshaakshee lulitaprabhaa.

kshanaa kshanakshukshukshinee kshamaakshaantih' kshamaavatee.

kshaamaa kshaamodaree kshemyaa kshaumabhri'tkshatriyaanganaa.

kshayaa kshaayaakaree ksheeraa ksheeradaa ksheerasaagaraa.

kshemankaree kshayakaree kshayakri'tkshanadaa kshatih'.

kshudrikaa kshudrikaakshudraa kshutkshamaa ksheenapaatakaa.

maatuh' sahasranaamedam sumukhyaassiddhidaayakam.

yah' pat'hetprayato nityam sa eva syaanmaheshvarah'.

anaachaaraatpat'hennityandaridro dhanavaanbhavet.

mookassyaadvaakpatirdevi rogee neerogataavvrajet.

putraartthee putramaapnoti trishu lokeshu vishrutam.

vandhyaapi sooyate putravvidushassadri'shanguroh'.

satyancha bahudhaa bhooyaadgaavashcha bahudugdhadaah'.

raajaanah' paadanamraassyustasya haasaa iva sphut'aah'.

arayassankshayayyaanti maanasaa samsmri'taa api.

darshanaadeva jaayante naraa naaryo'pi tadvashaah'.

karttaa harttaa svayaveero jaayate naatra samshayah'.

yayyankaamayate kaamantantamaapnoti nishchitam.

duritanna cha tasyaasti naasti shokah' kathanchana.

chatushpathe'rddharaatre cha yah' pat'hetsaadhakottamah'.

ekaakee nirbbhayo veero dashaavarttastavottamam.

manasaa chintitankaaryam tasya siddhirnna samshayah'.

vinaa sahasranaamnaayyo japenmantrankadaachana.

na siddhirjjaayate tasya mantrankalpashatairapi.

kujavaare shmashaane vaa madhyaahne yo japetsadaa.

kri'takri'tyassa jaayeta karttaa harttaa nri'naamiha.

rogaartto'rddhanishaayaayyah' pat'hedaasanasamsthitah'.

sadyo neerogataameti yadi syaannirbbhayastadaa.

arddharaatre shmashaane vaa shanivaare japenmanum.

asht'ottarasahasrantu dashavaaranjapettatah'.

sahasranaama chaitaddhi tadaa yaati svayam shivaa.

mahaapavanaroopena ghoragomaayunaadinee.

tato yadi na bheetih' syaattadaa deheetivaagbhavet.

tadaa pashubalindadyaatsvayam gri'hnaati chand'ikaa.

yathesht'ancha varandattvaa prayaati sumukhee shivaa.

rochanaagurukastooreekarppooraishcha sachandanaih'.

kunkumena dine shresht'he likhitvaa bhoorjjapatrake.

shubhanakshatrayoge cha kri'tamaarutasakriyah'.

kri'tvaa sampaatanavidhindhaarayeddakshine kare.

sahasranaama svarnasthankant'he vaa vijitendriyah'.

tadaayampranamenmantree kruddhassa mriyate narah'.

dusht'ashvaapadajantoonaanna bheeh' kutraapi jaayate.

baalakaanaamiyam rakshaa garbbhineenaamapi priye.

mohanastambhanaakarsha-maaranochchaat'anaani cha.

yantradhaaranato noonanjaayante saadhakasya tu.

neelavastre vilikhite dhvajaayaayyadi tisht'hati.

tadaa nasht'aa bhavatyeva prachand'aapyarivaahinee.

etajjaptammahaabhasma lalaat'e yadi dhaarayet.

tadvilokana eva syuh' praaninastasya kinkaraah'.

raajapatnyo'pi vivashaah' kimanyaah' purayoshitah'.

etajjaptampibettoyammaasena syaanmahaakavih'.

pand'itashcha mahaavaadee jaayate naatra samshayah'.

ayutancha pat'hetstotrampurashcharanasiddhaye.

dashaamshankamalairhutvaa trimadhvaaktairvidhaanatah'.

svayamaayaati kamalaa vaanyaa saha tadaalaye.

mantro nih'keelataameti sumukhee sumukhee bhavet.

anantancha bhavetpunyamapunyancha kshayavvrajet.

pushkaraadishu teerttheshu snaanato yatphalambhavet.

tatphalallabhate jantuh' sumukhyaah' stotrapaat'hatah'.

etaduktam rahasyante svasarvasvavvaraanane.

na prakaashyantvayaa devi yadi siddhincha vindasi.

prakaashanaadasiddhissyaatkupitaa sumukhee bhavet.

naatah' parataro loke siddhidah' praaninaamiha.

vande shreesumukheemprasannavadanaampoornendubimbaananaam

sindooraankitamastakaammadhumadollolaancha muktaavaleem.

shyaamaankanjalikaakaraankaragatanchaadhyaapayanteem

shukangunjaapunjavibhooshanaam sakarunaamaamuktaveneelataam.

iti shreenandyaavarttatantre uttarakhand'e maatangeesahasranaamastotram sampoornam.

OM FORFATTEREN

Kiran Atma er født som hindu og har været praktiserende hedning og heks, siden han kom i puberteten. Kiran fortsætter med at studere og analysere historien og den moderne praksis, der er forbundet med hans tro og håndværk, som det ses over hele verden, mens han deler det samme med det bredere samfund.

Don't miss out!

Visit the website below and you can sign up to receive emails whenever Kiran Atma publishes a new book. There's no charge and no obligation.

https://books2read.com/r/B-A-XCMAB-DMRDD

BOOKS2READ

Connecting independent readers to independent writers.

www.ingramcontent.com/pod-product-compliance
Lightning Source LLC
Chambersburg PA
CBHW050604160726
48003CB00003B/1044